QUELQUES MOTS

IMPROVISÉS

SUR LA VIE

DE

M. LANFRANCHI

MARC-AURÈLE

Propriétaire, décédé à Levie le 21 mars dernier à l'âge de 97 ans
après 70 ans de mariage
avec Mme Ange-Françoise de Peretti

PAR M. LANFRANCHI NICOLAS

DESSERVANT DE LA PAROISSE DE PANTANO

LE JOUR DE SON INHUMATION

> Cum venissem ad vos, fratres, veni
> non in sublimitate sermonis....
> (St Paul, Corinth. I, c. 2)
>
> Opera enim illorum sequuntur illos.
> (St Jean, Apoc. c. 14)

BASTIA

IMPRIMERIE FABIANI.

1877.

QUELQUES MOTS

IMPROVISÉS

SUR LA VIE

DE

M. LANFRANCHI

MARC-AURÈLE

Propriétaire, décédé à Levie le 21 mars dernier à l'âge de 97 ans
après 70 ans de mariage
avec Mⁱˡᵉ Ange-Françoise de Peretti

PAR M. LANFRANCHI NICOLAS

DESSERVANT DE LA PAROISSE DE PANTANO

LE JOUR DE SON INHUMATION.

> Cum venissem ad vos, fratres, veni
> non in sublimitate sermonis.....
> (S' PAUL, Corinth. 1, c. 2).
>
> Opera enim illorum sequuntur illos.
> (S' JEAN, Apoc. c. 14).

BASTIA

IMPRIMERIE FABIANI.

1877.

Messieurs,

L'Ange des ténèbres a trouvé le secret pour nous plonger dans le deuil et dans l'affliction. Un homme de bien, vénérable vieillard, patriarche de nos montagnes, qui par son urbanité et ses actions personnelles, nous avait captivés tous; cet homme, dis-je, que nous connaissions sous le nom de M. Lanfranchi Marc-Aurèle, n'est plus! Il s'est endormi hier entre les bras du Seigneur, du sommeil du juste; mais en nous donnant sa dernière poignée de main, il nous a légué pour héritage un précieux souvenir que nous ne devons jamais perdre de vue : le mépris des illusions de ce monde et la voie que nous devons prendre et pratiquer pour aller au ciel.

Mais que dis-je? M. Marc-Aurèle n'est pas mort : il vit dans un monde meilleur, il vit aussi parmi nous, par le souvenir de ses bienfaits, souvenir qui n'a pas disparu tout d'un coup comme une étoile filante dans l'immensité des airs, mais il est profondément gravé dans notre cœur, et sa mémoire nous sera toujours chère et présente : *nunquam obliviscar eum.*

D'autres voix plus autorisées que la mienne relèveront, j'en suis sûr, ses qualités personnelles qui le distinguaient du commun des hommes, et déposeront en même temps aux pieds de sa tombe leur respect.

Pressé par les mêmes motifs, j'y joins, par anticipation, ma voix frêle et chétive. Mon langage, à l'imitation de St Paul, sera à la portée de toutes les intelligences ; *Cum ad vos venissem, veni non in sublimitate sermonis.* Je serai heureux si j'ai le bonheur de répondre à votre juste attente en déposant une couronne d'immortelles sur ses cendres encore fumantes : hommage de mon souvenir pour sa mémoire chérie. Ayez la bonté, Messieurs, de m'honorer, pendant quelques instants de votre bienveillante attention. Je serai très bref.

Lanfranchi Marc-Aurèle appartenait à une famille dont l'origine se perd dans la nuit des temps; mais je n'en dirai rien : je garderai même un profond silence sur les nombreux priviléges que le gouvernement des siècles passés a accordés à cette honorable descendance pour la récompenser des éminents services que ses vaillants enfants, tels que les *Horace*, les *François-Simon* et autres avaient rendus à l'État et à la patrie. Ayant le bonheur d'avoir reçu le jour moi-même dans le berceau de cette même généalogie, cette circonstance m'empêche d'en faire l'apologie; mais je ne vous laisserai point ignorer que le prestige et l'auréole de toutes les généalogies les plus illustres sont les *actions personnelles*, car elles seules immortalisent l'homme quand elles sont méritantes. Et cette vérité pratique est le fondement et le pivot autour duquel roulent toutes les histoires des hommes les plus célèbres. Convaincu de cette vérité, qui est le symbole de l'opinion éclairée, je reviens à la question et j'aborde mon sujet.

Elevé sous la vigilance incessante de ses pieux parents, de maîtres et de zélés professeurs, le jeune Marc-Aurèle, doué d'un caractère enjoué, grâcieux, plein d'esprit et d'amabilité, en faisait le bonheur, et à mesure qu'il croissait en âge, il se dépouillait des imperfections de l'enfance.

Parmi les qualités qui devaient caractériser plus tard le fervent catholique et le citoyen philantrope, on y remarqua, dès son âge le plus tendre, le germe de deux vertus spéciales : la franchise qui ne sait pas dissimuler son cœur, et la générosité qui est le vrai talisman pour gagner le cœur des autres.

M. Marc-Aurèle épousa, à l'âge de 28 ans, Mlle Ange-Françoise de Peretti, noble par son origine, noble par le prestige de ses aïeux, tels que le colonel *Paoli, M. Paoli Paul-Marie* et autres personnages illustres dont l'histoire ne cesse pas d'enregistrer le nom sous les auspices les plus honorables, mais plus noble encore par les rares qualités qui la caractérisent, qualités qui ont rehaussé l'éclat de sa naissance et qui ont contribué largement à lui faire partager, avec honneur et dignité, sa couche et son bonheur domestique et social.

Les bénédictions du Ciel n'ont pas fait défaut à cette union conjugale *presque séculaire (70 ans)* où toutes les vertus religieuses et civiques se sont disputé tour à tour la priorité dans l'accomplissement de leurs devoirs respectifs. De même que nos patriarches, il a vu pulluler autour de lui jusqu'à la quatrième génération une pépinière d'enfants; il les a tous bénis, élevés et grandis avec honneur et dignité. Aujourd'hui ces mêmes enfants priment dans la société, tant sous le rapport des sentiments religieux que sous le rapport de leur position financière et patriotique.

C'est ici que commence à se dérouler à nos

yeux la longue et riche carrière de M. Marc-Aurèle qui est un tissu d'illustrations, toutes morales, toutes patriotiques dont la renommée a retenti jusqu'aux coins les plus reculés de l'arrondissement sous les auspices les plus honorables. Pour preuve de cette vérité, j'en appelle à votre loyauté, honorables patrices de la commune de Levie; vous qui en maintes circonstances, avez eu l'occasion d'être ses compagnons pendant son long pèlerinage sur la terre, venez à côté de moi pour rendre hommage à la vérité. N'est-il pas vrai que M. Marc-Aurèle a été le père chéri de tous, qu'il a eu votre affection, votre estime, votre respect, votre confiance? En effet, qui est celui d'entre vous qui n'ait pas goûté l'épanchement des affections de son cœur, qui n'ait pas reçu de sa part des conseils de sagesse, de vertu, de probité? Conseils dont il nous donnait journellement l'exemple, et qu'il résumait presque toujours par ces mots : « Il est impossible d'être un parfait honnête homme si l'on n'est pas, avant tout, un parfait catholique. »

Le terrain logique et circonstancié de l'improvisation étant très circonscrit pour une intelligence aussi chétive que la mienne, ne permet pas de développer en son plein jour cette sentence apostolique pour dessiller les yeux aux aveugles incrédules et pour la faire paraître dans sa simplicité naïve. Il faudrait cependant être bien borné si, en réfléchissant tant soit peu sur ces deux mots, on ne convenait pas avec notre vénérable vieillard que l'honnêteté étant fille du Ciel, est inséparable de la religion de Jésus-Christ, sa sœur aînée; d'où il s'ensuit par une conséquence forcée : qu'il est impossible d'être un parfait honnête homme si, avant tout, on n'est pas bon catholique. S'il en était autrement, quelle confiance pourrait inspirer à la société celui qui renierait son Dieu, le tournerait en dérision, le traînerait même dans la boue par sa conduite scandaleuse, après l'avoir reconnu en maintes circonstances de sa vie pour son Créateur, son Sauveur, son Rédempteur, son Rémunérateur, et après lui avoir solennellement promis aux yeux du ciel et de la terre qu'il sera fidèle observateur de ses lois et de ses commandements jusqu'au tombeau?

Encore une fois, quelle opinion devons-nous avoir pour les individus qui, après s'être moqués de Dieu, oseraient se parer du titre ronflant d'honnête homme pour se jouer de la société?

Les intrus de cette espèce, a dit le sage, devraient comme Caïn porter empreint sur le front le stigmate odieux d'*apostat* et de *renégat;* et ils ne nous doivent inspirer que du mépris et de la défiance.

Pour preuve de cette vérité nous n'avons qu'à

jeter tant soit peu les yeux sur les agissements de ces faux frères, et nous n'hésiterons pas à voir qu'ils ne cessent jamais de mettre en jeu tous les ressorts de leur imagination infernale pour déguiser leur ancienne pensée qui n'est autre chose qu'un arsenal de *forceps* pour faire des dupes.

Je voudrais me tromper, mais des victimes sans nombre que ces hypocrites entraînent journellement à leur remorque attestent cette vérité; et par leur conduite tortueuse de tous les jours nous voyons également que toutes les périodes de leur vie sont autant de fourmilières de témoins qui les accusent, les accablent de reproches devant Dieu et devant les hommes, et ils démasquent en même temps leur perfidie, leur forfanterie.

Dieu merci, nos montagnes sont vierges de cette contagion fiévreuse, et j'ai la conviction qu'elle n'aura jamais de prise dans nos parages; mais, en général, la société (sous le titre d'honnête homme) regorge d'hypocrites, de concussionnaires, de faux frères, etc., etc.

Qu'on dise maintenant ce qu'on voudra, je suis d'avis avec M. Marc-Aurèle dont j'ai la dépouille devant moi pour témoin, que le catholicisme seul est la source virginale et le foyer de toutes les vertus religieuses et sociales. Et l'honnêteté y siége à côté de la religion de J.-C.

Pénétré de cette vérité qu'il avait apprise pendant son long pèlerinage dans cette vallée de misère, M. Marc-Aurèle, fidèle à son Dieu et à ses concitoyens, presque tous ses parents ou frères en Jésus-Christ, chez qui la foi de leurs pères brille avec éclat comme aux premiers jours des siècles primitifs de l'Eglise, en faisait journellement la propagande pour les préserver de cette oscillation fiévreuse et énervante qui désole et afflige l'honnêteté publique.

Si nous envisageons M. Marc-Aurèle comme simple citoyen, nous verrons qu'il n'a jamais failli à ses devoirs ni comme catholique ni comme honnête homme.

Comme catholique, il s'acquittait toujours des devoirs qui lui incombaient comme à un des membres de la grande famille du catholicisme, à laquelle il appartenait dès sa naissance.

Comme homme social, il est né, il a grandi, il a vécu et vieilli parmi vous, par conséquent vous avez eu lieu de le voir, de l'approcher, de lui parler, de le connaître; ai-je donc besoin de vous dire que M. Marc-Aurèle était un homme de bien ? que son plus grand désir était de vous obliger tous sans distinction d'âge, de sexe, de condition ? que vous-mêmes n'aviez pas d'expressions assez énergiques pour louer ses rapports philantropiques à votre égard et à l'égard de tous ceux qui l'approchaient? qu'enfin il avait un cœur généreux pour tous et des entrailles de père pour les pauvres?

Oui, M. Marc-Aurèle avait pour les pauvres une affection spéciale; il les appelait la *porte cochère* du Paradis; parce qu'il savait, comme nous tous devrions le savoir, que la charité efface le péché et éteint les flammes de l'enfer, au même point de vue que l'eau éteint le feu naturel, et que de toutes les charités faites aux pauvres au nom de Jésus-Christ, *il n'y a pas une seule goutte d'eau sans récompense.*

Cette vérité, qu'il méditait en profond réfléchisseur, lui procurait toujours, comme au pieux Tobie, le bonheur de sécher les larmes de la veuve et de l'orphelin; et comme au charitable samaritain de guérir et de cicatriser les plaies saignantes.

Toutes ces charités dont presque Dieu seul a été témoin, aujourd'hui Dieu même les réunit en un faisceau de fleurons pour être unies à la couronne immortelle qu'il réserve à ses élus.

Pénétrons maintenant, pendant quelques instants, dans le foyer du ménage et nous y verrons par la pensée du souvenir un père affectueux qui surveille la conduite de ses enfants chéris et s'occupe à imprimer dans leur cœur l'amour et la crainte de Dieu, le sacrifice du Calvaire et l'horreur du péché qui en a été la cause : vérités qu'il n'a jamais cessé de rappeler pendant toute sa vie à leur souvenir et au souvenir de tous ceux qui l'approchaient, par une conduite exemplaire et édifiante.

Ses leçons ont-elles été stériles? Non, cent fois non. Je puise cette vérité dans un bien triste et douloureux souvenir dont sa maison même a été l'affligeant spectacle par la mort prématurée d'un de ses fils bien-aimés, décédé après avoir reçu tous les sacrements de l'Eglise et dont le vide se fera sentir pour longtemps dans notre canton. Oui, le torrent des larmes versées sur son cercueil par une multitude innombrable de peuples accourus de tous les coins de l'arrondissement pour rendre hommage à sa dépouille mortelle, prouve avec plus de force, plus d'énergie et plus d'autorité que tous les trésors de l'éloquence humaine, que M. Paul-Marie était aimé de Dieu et chéri des hommes.

Pouvait-il en être autrement? Elevé à l'école d'un père si vertueux, M. Paul-Marie joignait aux qualités d'un excellent père de famille celles d'un fervent catholique, d'un citoyen loyal et d'un patriotisme éprouvé.

Esprit droit, cœur généreux, caractère énergique, mais très-maniable, il captivait tous ceux qui l'approchaient par la manifestation des sentiments distingués et affectueux et par ses quotidiens et généreux encouragements. L'opinion ne doit jamais oublier un nom qui nous a légué pour héritage de si glorieux souvenirs.

Heureuses les maisons dont les chefs, pénétrés des devoirs qui leur incombent comme chrétiens et comme pères de famille, s'en acquittent selon Dieu.

Heureux les enfants qui succent avec le lait de leurs mères les vérités catholiques par la bouche de leurs pères. La mort de ces personnages privilégiés n'est qu'un heureux passage du temps à l'éternité.

Mais le peuple, qui ne sommeille pas toujours, voit-il avec indifférence tout ce qui se passe autour de lui ? Erreur ! illusion ! Sentinelle vigilante, le peuple est toujours aux avant-postes et non seulement il examine avec une scrupuleuse attention la conduite exemplaire et édifiante de ces hommes privilégiés, mais il les admire, il savoure même leur bonheur par le désir ; et lorsqu'il est à même de leur rendre justice, le peuple, dis-je, en fait la propagande par acclamation, soit pour honorer leur mémoire, soit pour nous engager à imiter leur conduite qui est l'exemple modèle de toutes les vertus.

Nous avons sous les yeux une preuve visible de cette vérité. Cette foule de peuples accourus de tous côtés en ce jour, tous larmoyants et groupés autour de ce cercueil qui contient la dépouille mortelle de M. Marc-Aurèle, prouve, au delà de toute expression, que ce vénérable vieillard avait bien mérité de ses concitoyens et qu'il emporte avec justice dans la tombe leurs regrets, leur reconnaissance et surtout le témoignage éclatant et glorieux d'une vie sans tache et sans reproche : *Opera enim illorum sequuntur illos.*

Je ne veux pas abuser plus longtemps, Messieurs, de la bienveillante attention dont vous avez daigné m'honorer. Je ne veux pas non plus stimuler davantage la plaie encore saignante de cette honorable et vertueuse famille cruellement éprouvée d'après le langage du monde. En terminant je dirai : séchez vos larmes, étouffez vos sanglots, car j'ai la conviction que Dieu a ouvert les portes de sa miséricorde à celui qui est l'objet de notre douleur en ce jour.

Vénérable vieillard, âme privilégiée, montez au ciel, chargé d'années, mais plus encore chargé de mérites, pour recevoir la couronne due à vos vertus.

Là haut, au milieu des parvis éternels, à côté de votre fils bien-aimé, viendra vous rejoindre votre vertueuse Rachel dont l'union conjugale presque séculaire, cimentée par les sentiments de religion, de foi et de charité, vous a immortalisé.

J'avance cette opinion, sans crainte d'en avoir le démenti ; car il est de notoriété publique que ce mariage patriarcal a profondément impressionné tous ceux qui en avaient connaissance, et tous, comme moi, ont été tentés de dire : *Digitus Dei est hic.*

Quoi qu'il en soit d'ailleurs : la mort les a séparés, la mort les réunira; ou pour mieux dire, la mort les a séparés sur la terre, j'ai la conviction que Dieu, dans sa miséricorde, les réunira dans le ciel.

www.ingramcontent.com/pod-product-compliance
Lightning Source LLC
Chambersburg PA
CBHW070526050426
42451CB00013B/2875